Peter Brandt

Trotz
Klimawandel
Lebensmittelsicherheit:

Wie lange noch?

Bibliographische Information der Deutschen Nationalbibliothek

Die Deutsche Nationalbibliothek verzeichnet diese Publikation in der Deutschen Nationalbibliographie; detaillierte bibliographische Daten sind im Internet über http.//dnb.d-nb.de abrufbar.

Die automatisierte Analyse des Werkes, um daraus Informationen, insbesondere über Muster, Trends und Korrelationen gemäß §44b UrhG („Text und Delta Mining") zu gewinnen, ist untersagt.

© 2025 Peter Brandt
Satz, Verlag: BoD · Books on Demand GmbH,
In de Tarpen 42, 22848 Norderstedt, bod@bod.de
Druck: Libri Plureos GmbH, Friedensallee 273,
22763 Hamburg
ISBN: 978-3-7693-2426-6

Inhaltsverzeichnis

1. Debatte um den Klima-wandel

Es gibt derzeit wohl kaum eine andere Thematik, über die so kontrovers und heftig gestritten wird, wie über den Klimawandel. Das Leugnen des Klima-wandels vollzieht sich meist nach dem Prinzip des „motivated reasoning", indem die Fakten zurechtgebogen werden, bis sie dem Leugner passen und er sich damit ein positives Selbstbild schafft (Stoetzer und Zimmermann 2024). Nach den Untersuchungen von Diethelm und McKee (2009) werden meist bis zu fünf Elemente benutzt: (1) Das Vertreten von Verschwörungstheorien, (2) Das Nutzen falscher Experten, die eine quer zum Stand der Forschung liegende Meinung vertreten, (3) Selektivität bei der Daten-auswahl, (4) Das Stellen unerfüllbarer Anforderungen an die Forschung, (5)

Der Rückgriff auf Falschdarstellungen oder logische Fehlschlüsse.

Den meisten Lesern dürften solche Argumente aus den Wahlkampfreden bestimmter Politiker aus Nord-Amerika, Deutscland oder Österreich im Jahr 2024 sattsam bekannt sein. Inwieweit dies öffentliche Wirkung zeitigt, beweist das Ergebnis von Meinungsumfragen in diesen Ländern (Tab. 1).

Gibt es den Klimawandel oder nicht?			
	Ja, ich denke, es gibt den Klima-wandel	Nein ich denke nicht, dass es den Klimawandel gibt	weiß nicht
Frankreich	92%	6%	2%
Deutschland	83%	16%	1%
Norwegen	93%	4%	3%
England	86%	12%	2%

Tab. 1: Ergebnis von Meinungsumfragen zum Klimawandel in vier europäischen Staaten (Quelle: Wikipedia)

Es ist nachvollziehbar, daß der Hinweis auf den Klimawandel und seine Folgen nicht nur mediale Wirkung zeitig, sondern auch beträchtliche wirtschaftliche Wandlungen fordert, also von eminenter gesellschaftspolitischer Bedeutung ist.

Aussagen	Konservative Republikaner	Liberale Demokraten
Auswirkungen der globalen Erwärmung haben bereits begonnen	30	89
Globale Erwärmung ist durch menschliche Aktivitäten verursacht	29	90
Globale Erwärmung wird in den Medien übertrieben	72	7
Die meisten Wissenschaftler glauben, daß die globale Erwärmung existiert	40	90
Eigene Besorgnis wegen der globalen Erwärmung	14	67

Tab. 2 Meinungsäußerung zur globalen Erwärmung durch den Kliimawadel im Jahr 2016 in den USA (Angaben in %; Quelle: Wikipedia)

Zwangsläufig vereinnahmen politische Parteien die Problematik des Klimawandels in ihre Weltsicht und sorgen im Vergleich für sehr prägnante Ansichten in ihrem jeweiligen Klientel (Tab. 2).

Bereits seit 1989 besteht in der Wissenschaft Übereinstimmung über die menschenverursachte Erderwärmung. Zu Beginn der 1990er Jahre wurde dies durch eine Fülle von Untersuchungen weiter bestätigt (Shwed und Beaman 2010, Oreskens 2004, Cook et al 2013 und 2016, Powell 2015).

2. Veränderung der Bedingungen

Im Bereich Lebensmittelsicherheit erfüllt das Bundesamt für Lebensmittelsicherheit und Verbraucherschutz (BVL) vielfältige Aufgaben. Das BVL koordiniert Programme zur Kontrolle von Lebens- und Pflanzenschutzmitteln, einschließlich deren Handel im Internet. Es geht also vorrangig um qualitative Eigenschaften, insbesondere das Einhalten der vorgeschriebenen Grenzwerte „problematischer" Inhalts- bzw. Zusatzstoffe. Nicht erfaßt ist mit dem Begriff Lebensmittelsicherheit die stete und sichere quantitative Verfügbarkeit. Und die ist in den letzten Jahren zunehmend durch etliche Faktoren wie Folgen des Klimawandels (Brandt, 2009 und 2011) und Zunahme der Weltbevölkerung (Tab.3) gemindert worden. Eigentlich nicht überraschend ist damit einhergehend der Erdüberlas-

tungstag immer früher im Jahr einge-
treten (Tab. 4). Das ist der Tag, an dem
die menschliche Nachfrage nach nach-
wachsenden Rohstoffen das Angebot
und die Kapazität der Erde zur Repro-
duktion im jeweiligen Jahr übersteigt
(Wackernagel und Beyer, 2010). Dieser
Tag des „Raubbaus" am Ökosystem
Erde tritt im Lauf der vergangenen zehn
Jahre immer früher ein; derzeit bereits
nach einer Zeitspanne von rund 7
Monaten.

Tab.3 Entwicklung der Weltbevölkerung

Jahr	Weltbevölkerung
1804	1 Milliarde
1927	2 Milliarden
1960	3 Milliarden
1974	4 Milliarden
1987	5 Milliarden
1999	6 Milliarden

2022	7,95 Milliarden
2050	10 Milliarden

Tab. 4:: Erdüberlastungstag im Zeitraum von 1970 bis 2024 (Wikipedia)

Jahr	Überlastungstag	Verbrauch in Erde-Einheiten
1961	„15. Mai 1962"	0,73 (In diesem Jahr ließ die globale jährliche Ressourceninanspruchnahme noch Reserven übrig)
...		
1970	29. Dezember	1,01 (Seitdem übersteigt der jährliche Verbrauch die global zur Verfügung stehenden Ressourcen)
1971	20. Dezember	1,03
1972	10. Dezember	1,06
1973	26. November	1,10
1974	27. November	1,10
1975	30. November	1,09
1976	16. November	1,14
1977	11. November	1,16
1978	7. November	1,17

Jahr	Überlastungstag	Verbrauch in Erde-Einheiten
1979	29. Oktober	1,21
1980	4. November	1,18
1981	11. November	1,16
1982	15. November	1,14
1983	14. November	1,15
1984	6. November	1,18
1985	4. November	1,19
1986	30. Oktober	1,20
1987	23. Oktober	1,23
1988	15. Oktober	1,27
1989	11. Oktober	1,29
1990	11. Oktober	1,29
1991	10. Oktober	1,29
1992	12. Oktober	1,28
1993	12. Oktober	1,28
1994	10. Oktober	1,29
1995	4. Oktober	1,32
1996	2. Oktober	1,33
1997	29. September	1,34
1998	29. September	1,34
1999	29. September	1,34
2000	23. September	1,38

Jahr	Überlastungstag	Verbrauch in Erde-Einheiten
2001	22. September	1,38
2002	19. September	1,39
2003	9. September	1,45
2004	1. September	1,49
2005	25. August	1,54
2006	19. August	1,58
2007	14. August	1,62
2008	14. August	1,62
2009	18. August	1,59
2010	7. August	1,67
2011	4. August	1,69
2012	4. August	1,69
2013	3. August	1,7
2014	4. August	1,69
2015	5. August	1,68
2016	5. August	1,68
2017	1. August	1,71
2018	29. Juli	1,74
2019	29. Juli	1,74
2020	22. August	1,56
2021	29. Juli	1,74
2022	28. Juli	1,75

Jahr	Überlastungstag	Verbrauch in Erde-Einheiten
2023	2. August	1,7
2024	1. August	1,7

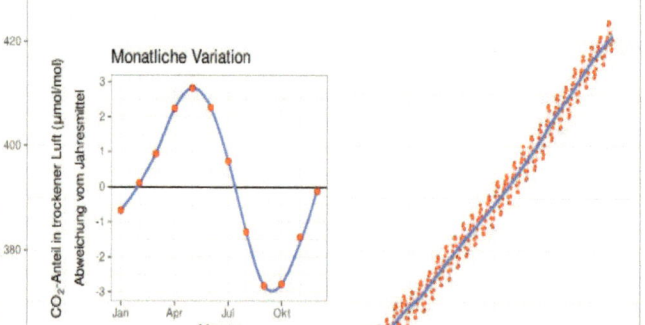

Fig. 1: Kohlendioxidgehalt der Luft

Der Temperaturanstieg erscheint zunächst als sehr gering, hat aber dramatische Auswirkungen, wie es hier für drei Bereiche gezeigt werden soll: Es dürfte inzwischen allgemein bekannt sein, daß der atmosphärische Kohlendioxidgehalt seit 1900 kontinuierlich ansteigt (Fig.1), und zwar von 280 ppm in der vorindustriellen Epoche auf eine Konzentration von 423,95 ppm im April 2023 am Mauna-Observatorium auf Hawai (NOAA 2023). Damit einhergehend steigt die Global Temperature um derzeit +1,16°C an (Hansen et al. 2023). Die ursächliche Korrelation zwischen Kohlendioxid-Emmisionen und Temperaturanstieg vorausgesetzt ergibt sich eine graduelle Liste der Verursacher (Tab. 5).

Grundsätzlich haben Lange et al. (2015) mit dem Bindungsvermögen von Kohlendioxid durch Mikroorganismen im Boden von artenreichem Grünland und Lechtenfeld et al. (2015) ebenfalls mit dem

Bindungsvermögen von Kohlendioxid durch Algen und Mikroorganismen in

Tab: 5 CO_2-Emissionen ausgewählter Länder, in Millionen Tonnen (2008)

Staat	CO_2-Emissionen im Inland
China	7050
Deutschland	772
Frankreich	381
Indien	1756
Japan	1311
Russland	1595
USA	5674

Flachwasserzonen von Meeren gezeigt, wie man erfolgreich dieser Anreicherung von atmosphärischen Kohlendioxid entgegenwirken könnte.

Pflanzen entziehen der Luft Kohlendioxid und bauen den Kohlenstoff in Biomasse ein, mit der er in den Boden gelangen und gespeichert werden kann. Lange et al. (2015) zeigten erstmals, wie die biologische Vielfalt der Pflanzen diese Speicherung begünstigt.

So erhöht Artenreichtum nicht nur die Bildung pflanzlicher Biomasse, sondern steigert auch die Aktivität und genetische Vielfalt von Bodenmikroorganismen. Diese wandeln den Kohlenstoff aus Pflan-

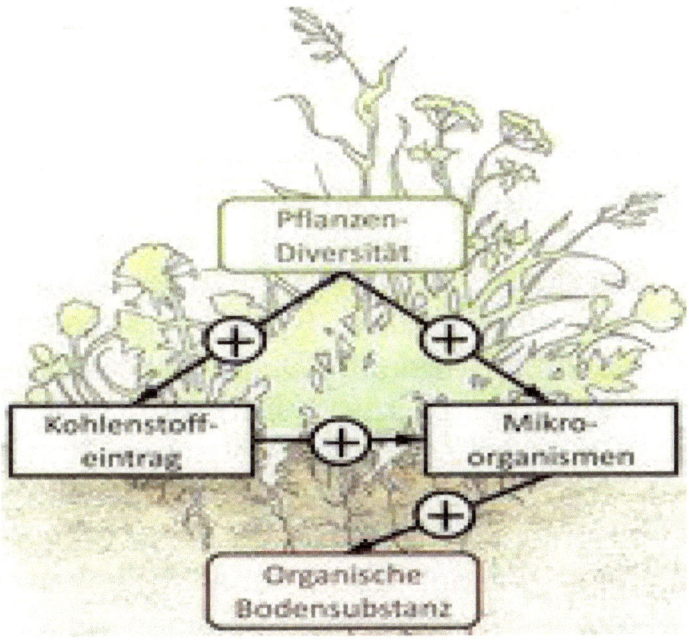

Fig. 2: Schematische Darstellung der Speicherung von Kohlenstoff im Boden einer artenreichen Grünfläche.

zen vermehrt in organische Bodensubstanz um. Kohlenstoff wird so länger im Boden gebunden und nachhaltig der Atmosphäre entzogen, wo er ansonsten als Bestandteil von Treibhausgasen klimaschädlich wirken würde.

Die Vielzahl unterschiedlicher Arten in einem Ökosystem hält das jeweilige Ökosystem auch stabil und bestimmt dessen Eigenschaften und Funktionen in und mit der Umgebung. So spielen Ökosysteme, in denen Pflanzen dominieren, eine zentrale Rolle im globalen Kohlenstoff-Kreislauf: Durch Photosynthese wandeln Gräser, Bäume und andere Gewächse atmosphärisches Kohlendioxid in pflanzliche Biomasse um. Der Kohlenstoff, den sie auf diese Weise binden, gelangt dann, über Pflanzenreste oder Wurzelausscheidungen weiter in den Boden und kann dort gespeichert werden. Daß eine große Pflanzenvielfalt die Speicherung organischer Substanz im Boden fördert, belegten exemplarisch bereits frühere Studien; der Mechanismus dahinter war bisher aber unklar.

Warum Ökosysteme mit großem Artenreichtum mehr Kohlenstoff binden als solche mit wenig Spezies, untersuchten Lange et al. (2015) in einem Langzeitexperiment, bei dem der Einfluß der Biodiversität unter anderem auf Stoffflüsse in der Natur untersucht wurde. Es wurden Wiesenflächen unterschiedlicher Artenvielfalt miteinander verglichen, die über neun Jahre lang gleichen Umweltbedingungen ausgesetzt waren. Es zeigte sich, daß artenreiche Wiesen, im Gegensatz zu artenarmen, den Mikroorganismen im Boden mehr Nahrung und Rohstoffe zur Verfügung stellen und gleichzeitig günstigere Umweltbedingungen bieten.

Die erhöhte mikrobielle Aktivität führte unerwarteter Weise jedoch nicht zum Verlust Kohlenstoff-haltiger Substanz im Boden, es fand also kein verstärkter

Abbau statt. Im Gegenteil, die mikrobielle Gemeinschaft fügte dem Boden mehr Kohlenstoff hinzu, weil sie mehr pflanzliche Biomasse umwandelte. Hinzu kommt, dass dieser „mikrobielle" Kohlenstoff länger im Boden gespeichert wird, wie sowohl die Altersbestimmung der Kohlenstoffmoleküle im Boden anhand natürlicher Isotope als auch die Modellierung des Kohlenstoffflusses ergaben. Die Studie zeigt damit erstmalig, daß eine hohe Pflanzen-Diversität zu einer längerfristigen Kohlenstoffspeicherung im Boden führt, weil sie eine vielfältigere Zusammensetzung und größere Aktivität der mikrobiellen Gemeinschaft zur Folge hat.

Damit stimmen die Untersuchungen von Liu et al. (2025) überein, die die positive Wirkung von Grünland auf die Populationsgröße von *Aporrectodea rosea, Octolasion cyaneum* und *Lumbricus terrestris* nachgewiesen haben.

Global betrachtet sind pflanzenreiche Ökosysteme besonders wichtig, um Kohlendioxid aus der Luft zu speichern, welches ansonsten als Treibhausgas die Erderwärmung fördert. Deren Biodiversität wird jedoch durch den Klimawandel und die zunehmende Nutzung der Landflächen stetig verringert, bis hin zum globalen Rückgang und dem Verlust von Arten.

Ein vergleichbares Scenario liegt in der Wechelwirkung zwischen der Atmosphäre und den Meeren vor (Fig. 3). In den Ozeanen ist eine Vielzahl organischer Substanzen gelöst. Ein Großteil ist gegenüber bakteriellen Abbauprozessen stabil und im Mittel mehrere tausend Jahre alt. In ihnen ist ähnlich viel Kohlenstoff gebunden wie im Kohlenstoffdioxid der Atmosphäre. Lechtenfeld et al. (2015) fanden eine hochkomplexe Mischung verschiedenster kohlenstoffhaltiger Substanzen, die beispielsweise aus

Stoffwechsel- oder Ausscheidungsprodukten von Organismen oder durch bak-

Fig 3: Algen und Bakterien im Meer haben einen großen Einfluss auf das Gleichgewicht von Aufnahme und Abgabe von Kohlenstoffdioxid (CO_2) der Atmosphäre und damit auf das weltweite Klima.

terielle Abbauprozesse entstanden sind

(in Wasser gelöstes organisches Material; engl.: dissolved organic matter, DOM). Ein Teil des DOM kann durch Bakterien verwertet werden und wird vollständig abgebaut. Der darin enthaltene Kohlenstoff entweicht dann früher oder später wieder in Form von Kohlendioxid in die Atmosphäre. Lechtenfeld et al. (2015) beantworten die Frage nach der Herkunft dieser extrem langlebigen Substanzen.

Der Großteil des im Meer befindlichen DOM aber – und das sind mehr als 90 Prozent – ist extrem stabil und kann im Mittel 4.000 bis 6.000 Jahre alt sein. Aus Studien ist bekannt, daß Bakterien in Laborversuchen DOM produzieren, das über ein Jahr stabil sein kann. Es wurden Bakterien aus dem Meer in künstlich hergestelltes Meerwasser gegeben, um sicherzustellen, daß das Wasser zu Beginn des Versuchs DOM-frei ist. Ernährt wurden die Bakterien mit einer genau bekannten Kohlenstoffquelle.

Nach vier Wochen wurde das bakteriell her-gestellte DOM in den Proben mit Kernspinresonanz-Spektroskopie und der ultrahoch-auflösenden Massenspektrometrie analysiert, und mit dem DOM verglichen, das in natürlichem Meerwasser zu finden ist. Die Bakterien hatten bereits nach kurzer Zeit ein komplexes DOM produziert, dessen chemische Zusammensetzung dem in der Natur schon sehr ähnlich war; viele der molekularen Eigenschaften langlebiger Substanzen im Meer waren auch nachweisbar. Ganz offensichtlich sind somit Bakterien daran beteiligt, daß ein Teil des atmosphärischen Kohlenstoffs langfristig im Meer verbleibt. Auf diese Weise tragen Bakterien effektiv zur Kohlenstoffspeicherung im Ozean bei und spielen eine wichtige Rolle für das Klima.

Allerdings bedarf es noch intensiver Forschung, um aufzuklären, wie sich der Klimawandel mit steigenden Durchschnittstemperaturen und veränderten Niederschlägen auf die Zusammensetzung bakterieller Gemeinschaften im Meer und im Boden und deren Fähigkeit, Kohlenstoff zu binden, auswirken wird.

3. Schmelzen des Permafrosts, der Gletscher und der Polkappen

Bei Permafrost handelt es sich ein Gemisch von Sedimenten, Gestein, Erde und unterschiedlichen Mengen Eis von einer Mächtigkeit bis zu 1,5 Kilometer, das permanent gefroren ist, also eine Temperatur von unter 0°Celsius hat. Das Eis stammt zum Großteil aus der letzten Eiszeit vor etwa 100.000 bis 12.000 Jahren oder hat sich kurz danach gebildet.

Das Auftauen der Dauerfrostböden hat ähnlich gravierende Folgen wie die weltweite Gletscherschmelze (Wagner und Bueß 2023). Ein Viertel der weltweiten Süßwasserreserven entfällt auf Grundwasser, Gewässer und Wasser in der Atmosphäre. Drei Viertel bestehen aus Eis und Schnee der Polargebiete und Gletscherregionen. Zum Beispiel verlor der Vernagtgletscher der Alpen in den letzten 20 Jahren 110 000 000 Kubikmeter Wasser, eine Menge, die dem jährlichen Trinkwasserverbrauch der Region von München entspricht.

Die Beobachtungen zeigen weltweit alarmierende Ergebnisse (Wagner und Bueß 2023). Zunächst herrscht ein Überangebot an Wasser, weil die Eisvorräte schwinden. Sobald die Gletscher abgeschmolzen sind, beginnt die Zeit der Wasserknappheit und damit auch der Wassermangel auf landwirtschaftlichen Nutzflächen, der unweigerlich die Ernten lebensmittelrelevater Pflanzenprodukte zumindestens nachhaltig mindern oder gänzlich verhindern wird. Nicht weniger gravierend wirkt sich das durch den Klimawandel bewirkte Schmelzen der polaren Eiskappen aus. Es hat Folgen für das Klima, die Meere und die Ökosysteme (Greenpeace 2023).

Die Arktis erwärmt sich sogar noch schneller als der Rest der Welt. Von 1971 bis 2019 ist die globale Durchschnittstemperatur der Arktis um 3,1° Celsius gestiegen (AMAP 2023). Für die klimatischen Bedingungen ist es von großer Bedeutung, daß die Arktis im Gegensatz zum Kontinent Antarktis aus Meereis besteht, das von Festland umgeben ist. So kommt es hier zum sogenannten Albedo-Effekt: Eis- und Schneeflächen reflektieren die Sonnenenergie stärker als das dunkle Meerwasser. Das setzt eine Kettenreaktion in Gang. Durch die stärker erwärmte Luft schmilzt mehr Eis, nimmt das Meer mehr Wärme auf und gibt sie langsamer ab. Dieser „polare Verstärkung" genannte Dominoeffekt führt zu weniger Eisbildung und ist oft unumkehrbar, weshalb auch vom Kipppunkt des Klimasystems gesprochen wird. So wird postuliert, daß „wir schon vor 2050 in der Arktis aller Voraussicht nach zum ersten Mal einen Sommer erleben werden, in dem das Nordpolar-meer weitgehend frei von Meereis sein wird – und zwar in allen untersuchten Zukunftsszenarien (Niederdrenk und Notz 2018). Schon derzeit geht das sommerliche Meereis der Arktis pro Jahr um eine Fläche von 78500 Quadrat-kilometer zurück, die in etwa der Größe von Österreich entspricht (DWD 2022).

Im Zusammenhang mit der Arktis darf Grönland natürlich nicht außer Acht ge-lassen werden. Es ist von einem Eis-schild mit rund 1,8 Millionen Quadrat-kilometer Fläche bedeckt (AMAP 2023). Auch diese Fläche nimmt in rasantem Tempo ab: Etwa die Hälfte des Eisver-lusts rührt von oberflächlichem Ab-schmelzen her, Die andere Hälfte an Eis-verlust entsteht durch zunehmende Fließgeschwindigkeit der Gletscher und dem sogenannten Kalben am Meer.

Im Hinblick auf das Schwinden des Ei-ses weist die Antarktis klimatisch Besonderheiten auf. Sie umfaßt den Südlichen Ozean, aber vor allem einen ganzen Kontinent namens Antartika, welcher von einem Eisschild mit einer stellenweise maximalen Dicke von 4900 m bedeckt ist. Anfang März 2020 stellte der Klimawandeldienst des EU-Programms Copernicus fest, daß die Ausdehnung des antarktischen Eismeers um 27% unter dem Durchschnitt der Jahre 1991-2020 liegt. Im gleichen Jahr berichtete der Meteorologe Kapikian über um 30°C höhere Temperaturen als für die Jahreszeit üblich in 3000 Meter Höhe auf der Forschungsstation Dome Concordia, nämlich minus 11,5°C. Dies trifft auch auf die Vokstok Station in 3400 Meter zu, auf der zur gleichen Zeit minus 17,7°C gemessen wurden.

In den 2010Jahren sind die Gletscher des Himalaya um 65% schneller geschrumpft als im vergangenen Jahrzehnt (Mani 2021). Diese Gletscher speisen ein weltweit wichtiges Flußsystem, darunter Ganges, Huanghe, Mekong und Irrawady. Hält die derzeitige hohe Schmelzrate an, so „verlieren wir diese Gletscher in 100 Jahren" (P. Wester ICIMOD). Dies führt zu gefährlichen Überschwemmungen, in der Endphase aber zu dramatischem Wassermangel für 240 Millionen Menschen in der Bergregion und für 1,65 Milliarden Menschen in den angrenzenden Flußtälern (Graham et al. 2022; Wang et al. 2023).

4. Anstieg des Meeres-spiegels

Laut dem 6. Weltklimabericht hat Grönland in den Jahren 1992 bis 2020 rund 4,890 Milliarden Tonnen Eis verloren. Diese geschmolzene Eismasse bewirkt einen Anstieg des globalen Meeresspiegels um rund 13,5 Millimeter (IPCC 2022). Insgesamt ist der Meeresspiegel im 20. Jahrhundert bereits um 15 Zentimeter weltweit gestiegen, also etwa 1,5 Millimeter pro Jahr. Inzwischen steigt der Pegel doppelt so schnell. Etwa um 3,70 Millimeter pro Jahr hebt sich der Meeresspiegel. Für die Mitte des Jahrhunderts rechnet der ICCP mit einem Anstieg der Meeresoberfläche um 59 Zentimeter. Nach Berechnungen des Arktischen Rates (NOAA 2023) soll sie allerdings bis 2100 sogar um 1,60 Meter steigen. Nicholls et al. (2011) halten bis zum Ende des Jahrhunderts einen Anstieg von mehr als 2 Meter für realistisch.

Küstennahe Regionen und meist auch landwirtschaftlich genutzte Flächen würden bei diesem Meeresspiegelanstieg verloren gehen (Corell 2010). Zum Beispiel betrifft das große Teile von Florida; Bangladesch würde fast zur Hälfte untergehen. Auch die europäischen Küstenländer, wie die Nordseeanrainer und die friesischen Inseln wären gefährdet.

Nach Beobachtungen und einer Hochrechnung geht das Potsdam-Institut für Klimafolgenforschung davon aus, daß die weltweiten Temperaturen im Schnitt um zwölf Grad Celsius ansteigen werden, wenn alle fossilen Energieträger der Erde verbrannt werden; der Meeresspiegel stiege jährlich um 3 Zentimeter. Das würde dann in der Endphase das Ende des Ewigen Eises in der Antarktis und auf Grönland bedeuten. Wenn alle diese Eispanzer geschmolzen wären, dann wäre der Meeresspiegel um 58 Meter gestiegen. Der Anstieg würde nicht über Nacht geschehen, aber unser heutiges Handeln kann die Erde nachhaltig verändern (Garbe et al. 2020). Vor Allem Europa und Asien wären betroffen: In Europa würden die Niederlande komplett überflutet. Mehr als die Hälfte der Einwohnerinnen und Einwohner der Niederlande - 10 von 17 Millionen – wohnen unter dem Niveau des Meeresspiegels. Die Küste Deutschlands würde sich bis zu 400 Kilometer nach Süden verlegen. Bangladesch, derzeit Heimat von 180 Millionen Menschen, wäre völlig überflutet. Ebenso wären die Großstädte Hongkong, Schanghai, Peking, New York, Kalkutta, Tokio und Hamburg total überflutet.

Derzeit bekommt die Menschheit nur die ersten Auswirkungen des Klimawandels zu spüren. Bis jetzt trägt die Antarktis weniger als 10 Prozent zum Meeresspiegelanstieg bei. Bei weiter steigenden

Temperaturen würde die Eisfläche am Südpol schließlich gänzlich verschwinden. Allerdings dauert dies mehrere 1000 Jahre (Garbe et al. 2020).

Soviel Zeit besteht für einige Regionen der Erde schon längst nicht mehr. Einige tropische Inselstaaten in der Karibik und in Teilen des Indischen Ozeans, die z.T. im Mittel nicht mehr als 2 m über dem Meeresspiegel liegen, sind bereits bei einem mäßigen Meeresspiegelanstieg von ca. 1 m in ihrer Existenz gefährdet. Dies gilt u. a. für Atolle wie die Malediven mit 269000 Einwohnern, die Marshall Inseln mit 58000 Einwohnern oder Tuvalu mit 9000 Einwohner (Woodworth 2005, Church et al. 2006). So mußten aus diesem Grund auf Vanuata im Jahr 2005 die Einwohner auf höher gelegenes Gelände umgesiedelt werden (DWD 2015).

In ähnlicher Lage befinden sich die

Bewohner der Delta-Gebiete großer Flüsse, wie z. B. Nil, Ganges, Huanghe, Mekong und Yangtze. Beispielhaft will ich auf die Situation von Nil und Ganges bei Meeresspiegelanstieg eingehen:

Nil: Das Delta umfaßt etwa 24000 Quadratkilometer und ist von 104 Millionen Menschen bewohnt, das sind etwa 40% der Gesamtbevölkerung von Ägypten (Kühn 2006). Etwa die Hälfte der landwirtschaftlichen Nutzflächen befinden sich auf dem Delta. Ein Viertel von ihm liegt auf Höhe oder unterhalb des Meeresspiegels; er ist nur durch einen schmalen Sandgürtel vor dem Meer geschützt. Sollte der Pegel des Meeres in den nächsten Jahren zwischen 0,5 und 1 Meter steigen, so würde die derzeitige Küstenlinie um einige Kilometer ins Inland verlegt, große Gebiete überschwemmt und der Boden versalzt werden (ICCP 2022). Damit ist die Lebensmittelsicherheit von mindestens 104 Millionen Menschen gefährdet.

Ganges: Das von zahllosen Flüssen durchzogene Delta umfaßt einen großen Teil des Staates Bangladesh. Die Küstenzone von etwa 47000 Quadratkilometern und einer Breite zwischen 30 und 195 Kilometern liegt zu 62% 3 m und zu 86% 5 m unter dem Meeresspiegel. In diesem Bereich leben 35 Millionen Menschen, das sind 28% der Gesamtbevölkerung. Ihr Lebensraum und ihre Ernährungsgrundlage (Lebensmittelsicherheit) sind vom Anstieg des Meeresspiegels akut bedroht (Pethick und Orford 2013; Auerbach et al. 2015; Karim und Minura 2008)

Der Anstieg des Meeresspiegels wird in Zukunft so gravierend sein, daß schon jetzt die juristischen Implikationen bearbeitet werden, die sich für die Küsten- und Inselstaaten aus der Veränderung ihrer Küstenmeere, ihrer ausschließlichen Wirtschaftszone und den äußeren Grenzen ihres Festlandsockels, die sich kontinuierlich weiter in Richtung Land verschieben, ergeben (Schaller 2021).

5. Erosion und Desertification

Weltweit veringert sich die Ackerfläche jedes Jahr um 10 Millionen Hektar durch Erosion, Überweidung und Versalzung (BMEL 2023). Maßgeblich an der Erosion ist das Schmelzen von Permafrost und Gletschern beteiligt (Perovich et al. 2020). Aber auch die höheren Temperaturen infolge des Klimawandels haben fatale Folgen auf die Bodenerosion. Weltweit sind 550 Millionen Hektar Ackerfläche von dieser Winderosion betroffen, das heißt in ihrer Substanz erheblich gemindert. Schon 1934 wurden durch Trockenheit und starke Winde von über 100 Kilometer pro Stunde in Montana, Wyoming und Dakota mehr als 300000 Tonnen Ackerboden verdriftet (Montgomery 2008). Zeitlich und räumlich näherliegend ist ein ähnliches „Witterungs"-Ereignis im Jahr 2011 in Mecklemburg-Vorpommern, wo ein Sturm in der Nähe von Rostock erhebliche Mengen an Ackerboden verweht hat (Leonardo 2011). Diese Winderosion ließe sich vermeiden, wenn man nicht leichtfertig die für diese Landschaft typischen, windhindernden Hecken entfernt hätte. Auf Fehler in der landwirtschaftlichen Praxis sind auch die erheblichen Bodenverluste im Einzugsgebiet des Huanghe in China zurückzuführen. Jährlich schwemmt dieser Fluß 1,6 Milliarden Tonnen Löß und Sand fort (Wiss. Beirat 1994). Gravierender als die Erosion ist das Wachstum der Wüste, die Dersertification. Die Wüstenbildung schreitet voran, weil in trockenen Gebieten meist die Böden, die Vegetation und die Wasservorräte zu intensiv genutzt werden. Pro Jahr entstehen 50000 Quadratkilometer neue Wüstenflächen; diese Entwicklung gefährdet 10 Milliarden Menschen (Tab. 1) (UNEP 2010; Johnson und Mayrand 2006). Es wird erwartet, daß im Jahr 2050 bis zu 1 Milliarde Menschen in Trockengebieten mit mangelhafter Nahrungsgrundlage (Lebensmittelsicherheit?) leben müssen.

In dieser prekären Situation haben Investoren und Konzerne in den letzten Jahren damit begonnen, weltweit Ackerflächen für den Anbau von z. B. Zuckerrohr langfristig zu pachten oder zu erwerben, um aus dem Pflanzenmaterial Bioäthanol zu gewinnen (FIAN 2015). So hat die Firma Addy & Oryx in Makami in Sierra Leone 57000 Hektar Ackerland auf 50 Jahre gepachtet und damit den dort ansässigen 17000 Menschen ihre Lebensgrundlage entzogen (Anane und Abiw 2011) (Lebensmittelsicherheit?). Auf die zahlreichen sozialen Implikationen kann ich hier nicht eingehen. In Afrika befördert die EU mit ihrer Selbstverpflichtung, dem Kraftstoff 10% Bioäthanol beizumischen, die Aktivitäten etlicher Firmen zu ähnlichen Vorhaben (Schmidt 2002) und schmälert damit indirekt die heimische Produktion von Lebensmitteln. Dies kann auf Dauer nicht folgenlos bleiben. So steigt seit 2006 der Food Price Index der FAO real und nominal an. Und es besteht keine Aussicht, daß sich dieser Trend umkehren könnte (FAO 2023). Auch diese Entwicklung trägt nicht dazu bei, die Ernährung der Menschen weltweit sichern zu können.

6. Artenschwund

Es liegt in der Natur des Menschen, zwar die globalen Veränderungen wahrzunehmen und zu verstehen, aber für die in seinem Nahbereich („vor seiner Tür") vielfach weniger Verständnis für die immanenten Zusammenhänge aufzubringen. Bezogen auf die Populationen an gemeinhin bekannten Insekten sind die der Bienen für die menschliche Ernährung von besonderer Bedeutung.

Nach Schätzungen der Universität Hohenheim beträgt der ökonomische Wert der Bestäubung weltweit 70 bis 100 Milliarden Euro und in Deutschland etwa 2,5 Milliarden Euro. Zu den wichtigsten insektenbestäubten Nutzpflanzen gehören Obstbäume, Raps, Sonnenblumen, Erbsen, Bohnen, Paprika, Tomaten, Gewürzkräuter, Wein und Getreide. Neben Rind und Schwein gehört die Biene also zu den drei wichtigsten Nutztieren.

Nach Angaben der FAO ist die Anzahl der kommerziell genutzten Bienenstöcke weltweit seit 1960 gestiegen; allerdings ist diese Ge-samtsicht im Einzelnen differenzierter zu sehen: In den USA sank sie von 5,5 auf 2,6 Millionen. In Indien stieg sie im selben Zeitraum von 5 auf 11,6 Millionen, in China von 3,2 auf 8,9 Mio. In Deutschland sank die Zahl der Bienenstöcke von 2 auf 0,7 Mio., in der Türkei stieg sie von 1,5 auf 6,6 Mio. (FAO-STAT 2018).

Laut der ersten langfristigen wissen-schaftlichen Bewertung des globalen Bienensterbens auf der Grundlage von GBIF-Daten nahm die Anzahl der Bienen-Spezies zwischen 2006 und 2015 um ein Viertel im Vergleich zu der Zeit vor 1990 ab (Shah 2020; Zattara und Aizen 2021). Allerdings kann nicht von einem generellen Bienensterben ausge-gangen werden; vielmehr zeigen sich überregional und regional unterschiedliche Bestände an Bienenvölkern (Moritz 2014). Die Ursache dafür liegt meist nicht direkt im Klimawandel, sondern kann auch viele andere Ursachen haben:(a) Aus sozial-ökonomischen Gründen kann die Bienenhaltung für die Imker unattraktiv geworden sein (Moritz 2014). **(b)** Eingeschleppte Parasiten, wie die Varroamilbe, können die Ursache sein (Insolia et al. 2022). **(c)** Der unsachgerechte Einsatz Saatgut-Beizmitteln, insbesondere von Neonicotinoiden, hat vielfach zum Verlust geführt. **(d)** Das Phänomen der erhöhten Wintersterblichkeit[1] konnte bislang wissenschaftlich nicht eindeutig geklärt werden (Engelsdorp et al. 2009); möglicherweise liegt eine Kombination mehrerer Faktoren vor (Insolia et al. 2022; Hristo et al. 2020; Ryan und Faux 2021). Im Rahmen dieser ungeklärten Lage kann eine Auswirkung des Klimawandels nicht ausgeschlossen werden.

---

1 = CCD oder colony collapse disorder

Wie abhängig Insektenpopulationen von menschlichem Fehlverhalten sein kann, beweist das zunächst mysteriöse „Hummelsterben": Hummeln legen, anders als Bienen, kaum Nahrungsvorräte an. Da wird es für sie in Gegenden, die von der modernen Landwirtschaft geprägt sind, schnell eng. Denn hier finden sie kaum noch geeignete Futterpflanzen. Und auch in den Gärten wachsen oft Arten, die vor allem schön anzusehen sind, aber der heimischen Insektenwelt wenig zu bieten haben. Man nimmt an, dass 75 % der toten Insekten unter Linden Hummeln sind, insbesondere die Dunkle Erdhummel (*Bombus terrestris*). Erdhummeln sind – wie auch andere Hummelarten – <u>blütenstet</u> und stellen sich schlechter als Honigbienen auf neue Trachtpflanzen ein. Honigbienen können außerdem auf einen Futtervorrat in ihrem Volk zurückgreifen, Hummeln nicht. Es ist momentan die plausibelste Erklärung, daß Hummeln vermehrt an

Lindenbäumen versterben, weil sie dort verhungern. Koch und Stevenson (2017) mutmaßen, daß Hummeln vom Duft der Linde angezogen werden könnten, was dazu führte, dass sie dort verbleiben, auch wenn kein Nektar mehr vorhanden ist. Eine andere Vermutung ist, daß Koffein im Nektar der Silberlinde die Insekten an den Baum binden könnte, sodaß sie nicht nach alternativen Futterpflanzen suchen.

Weit genauer im Detail ist über die vergangenen Jahre die Veränderung der Tagfalter-Populationen in Deutschland untersucht worden (Tab. 5). Dabei zeigte sich, daß sie mutmaßlich vom Klimawandel in ihrem Bestand stark beeinflußt

Tab 5: Veränderung der Population ausgewählter Falterarten für den Zeitraum von 2006 bis 2022 in Deutschland (Kühn et al.2023)

Art	Deutscher Name	Tendenz
Hesperiidae	**Dickkopffalter**	
Spialia sertorius	Roter WürfelDickkopffalter	Unsicher

Pyrgus malvae	Kleiner Würfel-Dickkopf-falter	stabil
Carcharodus alceae	Malven-Dickkopffalter	stabil
Erynnis tages	Dunkler Dickkopffalter	fallend
Heteropterus morpheus	Spiegelfleck-Dickkopffalter	stabil
Carterocephalus palaemon	Gelbwürfeliger Dickkopffalter	fallend
Thymelicus acteon	Mattscheckiger Braun-Dick-kopffalter	stabil
Thymelicus lineola	Schwarzkolb.Braun-Dick-kopffalter	gefähdet
Thymelicus sylvestris	Braunkolb.Braun-Dick-kopffalter	gefährdet
Hesperia comma	Komma-Dickkopffalter	stabil
Ochlodes sylvanus	Rostfarbiger Dickkopffalter	fallend
Papilionidae	**Ritterfalter**	
Papilio machaon	Schwalbenschwanz	fallend
Iphiclides podalirius	Segelfalter	steigend
Pieridae	**Weißlinge**	
Colias alfacariensis	Hufeisenklee-Gelbling	steigend

Gonepteryx rhamni	Zitronenfalter	steigend
Colias hyale	Weißklee-Gelbling	fallend
Aporia crataegi	Baumweißling	stabil
Pieris brassicae	Großer Kohl-Weißling	fallend
Pieris napi	Grünader-Weißling	stabil
Pieris rapae	Kleiner Kohl-Weißling	gefährdet
Pontia edusa	Reseda-Weißling	fallend
Anthocharis cardamines	Aurorafalter	steigend
Lycaenidae	**Bläulinge**	
Lycaena dispar	Großer Feuerfalter	unsicher
Lycaena virgaureae	Dukaten-Feuerfalter	gefährdet
Lycaena phlaeas	Kleiner Feuerfalter	stabil
Lycaena tityrus	Brauner Feuerfalter	gefährdet
Thecla betulae	Nierenfleck-Zipfelfalter	gefährdet
Favonius quercus	Blauer Eichen-Zipfelfalter	stabil
Satyrium pruni	Pflaumen-Zipfelfalter	stabil
Satyrium walbum	Ulmen-Zipfelfalter	unsicher
Callophrys rubi	Grüner Zipfelfalter	stabil
Cupido minimus	Zwerg-Bläuling	fallend

49

wenn nicht gar gemindert werden (Wahnbaeck 2012: Kühn et al. 2023; Viering 2023).

Aufgrund ihrer engen Bindungen an den Lebensraum deutet das Auftreten eines bestimmten Schmetterlings auf ein bestimmtes Biotop hin. Und der Erhalt der Biotope der rund 170 Tagfalterarten Deutschlands sichert das Überleben von etwa 10 000 weiteren Insektenarten. Außer der Zerstörung der natürlichen Lebensräume drohen den Schmetterlingen auch Probleme durch den Klimawandel. Nach dem Klimaatlas der Tagfalter Europas (Settele et al. 2008) könnten 70 der rund 300 untersuchten Arten 95 Prozent ihres Lebensraums verlieren, wenn das schlimmste Klimaszenario eintritt: ein Temperaturanstieg von 4,1 Grad Celsius bis zum Jahr 2080. Auch ein geringerer Temperaturanstieg von 2,4 Grad Celsius wäre für die Falter fatal: 147 Arten würden mehr als die

Hälfte des für sie geeigneten Areals verlieren.

Visser (2012) zeigte, daß Schmetterlinge und Vögel mit dem Klimawandel offenbar nicht mithalten können. In den vergangenen beiden Jahrzehnten habe sich der Lebensraum der Tiere in Europa schneller nach Norden verschoben, als die Tiere mitwandern konnten. Insgesamt hat sich der Lebensraum der Tagfalter demnach im beobachteten Zeitraum im Durchschnitt um 239 Kilometer nach Norden verschoben. Die Schmetterlinge wanderten aber nur 114 Kilometer nordwärts.

Zum Abschluß dieses Kapitels über den Artenschwund darf natürlich das dramatische Aussterben von Korallen in Meeresgebieten nicht fehlen, deren Temperatur in Folge des Klimawandels signifikant angestiegen sind; solche vom sogenannten Bleaching betroffenen Korallenflächen finden sich besoders an der Ostküste von Australien (von Eichhorn und Furtak 2024). Als Korallen werden sessile, koloniebildende Nesseltiere (Cnidaria) bezeichnet, die symbiontisch mit Zooxanthellen vergesellschaftet sind. Diese sind sehr temperaturempfindlich. Erwärmt sich das Wasser zu stark, beginnen sie, Giftstoffe zu produzieren, und werden daraufhin von den Nesseltieren abgestoßen. Der weiße Kalkmantel bleibt bestehen, daher der Begriff Korallenbleiche (Weis 2008).

7. Erhöhte Niederschläge

Zwei bis drei Grad je 100 Jahre erwärmt sich das Mittelmeer infolge des Klimawandels, je nach Standort (Vargas-Yares et al. 2023). Durch die höhere Temperatur und Verdunstung von Wasser wird es salziger. Die Ergebnisse beruhten auf der Auswertung von Langzeitdaten der vergangenen 30 Jahre und sind in allen Wassertiefen gemessen worden.

Die Erhöhung der Wassertemperatur und des Salzgehalts gefährdet die Artenvielfalt im Mittelmeer. In den wärmeren Gewässern des Mittelmeers gibt es inzwischen fast 1000 nicht einheimische Arten, die sich jedes Jahr weiter nach Norden und Westen ausbreiten und dabei einheimische Arten verdrängen (Zanna et al. 2019),

Manche heimische Arten wie der Adriatische Stör und der Tiefsee-Kardinalfisch sind vom Aussterben bedroht. Massenhaft auftretende Quallen sind ein Problem für Fischer und Urlauber und die

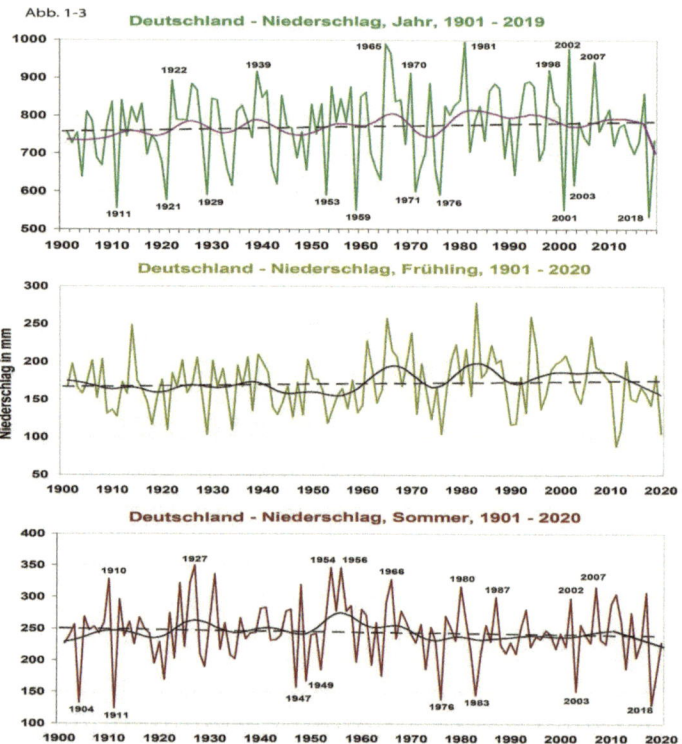

Fig. 4: Summe der Nederschläge 1901-2019 sowie für Frühling und Sommer 1901-2020 (Daten: Deutscher Wetterdienst; Schönwiese 2020)

Klimakrise erhöht das Risiko von Wetter-extremen. Das hängt auch mit wärmer werdenden Weltmeeren zusammen. Wärmere Weltmeere erhöhen die Temperaturen der Luftschichten darüber, es verdampft mehr Wasser, die wärmeren Luftmassen können immer mehr Wasser speichern. Starkregen und Hurrikane, schwere Überschwemmungen und andere Extremwetter-Ereignisse sind die Folge. Beispiele sind die katastrophalen Unwetter in Spanien (Finsterbusch 2024), in der Schweiz (SRF 2024) und in Italien (Bletzinger und Takac 2024).

Aber es sind nicht nur die lokalen Unwetter und ihre Folgen in den letzten Jahren auffällig, sondern die generell erhöhten Niederschlagsmengen in Europa im Zeitraum von 1901 bis 2020 (Fig. 4).

8. Literaturverzeichnis

AMAP (2023) http://www.amap.no

Anane M, Abiw LY (2011) Independent Study Report of the Addax Bioenergy Sugarcane-to-ethanol project in the Makami region in Sierra Leone. Brief an Björn Blomberg, Svenska Kyrkan, 5. Dezember 2011

Auerbach LV, Goodbred SL, Mondal DR, Wilson CA, Ahmed KR, Roy K, Stadeler MS, Small C, Gilligan JR, Ackerly BA (2015) Fload risk of natural and unbaked landscapes on the Ganges-Bramaputra tidal delta plain. Nature Climate Change 5: 153-157

Bletzinger M und Takac M (2024) Heftige Unwetter wüten in Norditalien: Städte überflutet – Wassermassen stürzen von Autobrücke. Merkur 24.10.2024

BMEL (2023) http://www.bmel.de

Brandt P (2009) Welternährung und Klimawandel – ein komplexes Problem. JVL 4:34-38

Brandt P (2011) Gefährdung der „Food Security" durch die Auswirkungen des Klimawandels. JVL 6:253-275

Church JA, White NJ, Hunter JR (2006) Sealevel rise at tropical Pacific and Indian Ocean Islands. Global and Planetary Change 53: 155-168

Cook J, Nuccitelli D, Green SA, Richardson M, Winkler B, Painting R, Way R, Jacobs P, Skuce A (2013) Quantifying the cosensus on anthropogenic global warming in the scientific literature. Environmental Res. Lett: 8.

Cook J, Oreskes N, Doran PT, Andaregg WA, Verheggen B, Marbach EW,

Carlton JS, Lewandowsky S, Shuce AG (2016) Consensus on consensus: a synthesis of consensus estimates on human-caused global warming. Environmental Res. Lett. 11

Corell R (2010) US-Klimapolitik - „Der Kurs wird sich ändern", Süddeutsche Zeitung, 17. Mai 2010

Diethelm P, McKee M (2009) Demalism what is it and how should scientists respond? European J Public Health 19:2-4

Dunlap R, McCright PM, Yarosh JR (2016) The political divide on climate change: Partisan polarization in the U.S. Environment: Science and Policy for Sustainable Development 58:4-23:

DWD (2015) Vanuata is the world`s most at risk country for natural hazards. Deutscher Wetterdienst dw.com 17. März 2015

DWD (2022) Deutscher Wetterdienst: Sommerliche Meereseisbilanz 2022 in der Arktis. http://www.dwd.de

von Eichhorn C und Furtak S (2024)- Statt bunter Korallen nur noch Skelette. Süddeutsche Zeitung 16. April 2024

Engelsdorp Dv, Evans JD, Saegerman C, Mullin C, Haubruge E, Nguyen BK, Frazier M, Frazier J, Cox-Foster D, Chen Y, Underwood R, Tarpy DR, Pettis JS (2009) Colony Collapse Disorder: A Descriptive Study. PLoS ONE 4 :e6481, :

FAOSTAT (2018)

FAO (2023) http://www.fao.org/ world-food-si-tuation/ wfs-home/ foodprices index

FIAN (2015) Gier nach Land schafft weltweit Hunger. 12.10.2015

Finsterbusch J (2024) Nächstes Unwetter in Spanien: Sturmtief Caetano bringt meterhohe Wellen. Merkur 22.11.2024

Garbe J, Albrecht T, Levermann A, Donges JF, Winkelmann R (2020) The hysteresis of the Anartic Ice Sheet. Nature 585:533-544.

Graham RL, Wählin A, Hogan KA, Nitsche KO, Heywood KJ, Totten RL, Smith JA, Hillbrand C-D, Simkins LM, Anderson JB, Weltner JS, Larter RD (2022) Rapid retreat of Thwaites Glacier in the presatellite era. Nature Geoscience 15:706-713.

Greenpeace (2023) https://www.greenpeace/klimawandel/polkappen

Hansen J, Ruedy R, Sato M, Lo K (2010) Global surface temperature change. Rev Geophys 48: RG4004 doc.10.1029 / 2010RG000345

Hristov P, Shumkova R, Palova N, Neov B (2020) Factors Associated with Honey Bee Colony Losses: A Mini-Review. Vet. Sci. 7:166, doi:10.3390/vetsci7040166

IPCC (2022) 6. Weltklimabericht 2022

Insolia L, Molinari R, S.R. Rogers, SR (2022) Honey bee colony loss linked to parasites, pesticides and extreme weather across the United States. Science Report 12:20787, doi:10.1038/s41598-022-24946-4

Johnson PH, Mayrand K (2006) The United Nations Convention to Control Desertification in Global Sustainable Development Governance. In: Johnson PM u.a. (Hrsg.) Governing Global Desertification: Linking Environmental Degradation, Poverty and Participation, Farnham 2006

Karim FM, Minura N (2008) Impacts of climate change and sealevel rise on cyclic storm sarge floods in Bangladesh. Global Environmental Change 18:490-900

Koch H und Stevenson PC (2017) Do linden trees kill bees? Reviewing the causes of bee deaths on silver linden (*Tilia tomentosa*). Biol Letters DOI:https://doi.org/10.1098/rsbl.2017. 0484

Kühn E, Musche M, Harpke A, Reinart Feldmann R, Wiemers M und Settele J (2023) Tagfalter-Monitoring Deutschland: Jahresaus-wertung 2022. Oedippus 4:6-44

Kühn T (2006) Das Nildelta. In: G Hüber-Kamel: Kemet, Band 2, Kemet-Verlag, ISSN 0943-5972, S. 6-10

Lange M, Eisenhauer N, Sierra CA, Bessler H, Engels C, Griffiths RI, Mellado-Vázquez PG, Malik A, Roy J, Scheu

S, Steinbeiss S, Thomson BC, Trumbore SE, Gerd Gleixner G (2015) Plant diversity increases soil microbial activity and soil carbon storage Nature Communications 6:6707 DOI: 10.1038/ncomms 7707

Lechtenfeld OJ, Hertkorn N, Shen Y, Witt M und Benner R (2015) Marine sequestration of carbon in bacterial metabolites. Nature Communications 6:6711

Leonardo (2011) Ursachen der Bodenerosion in Mecklemburg-Vorpommern. WDR3, 18. 04. 2011

Liu Q, Eisenhauer N ,Scheu S, Reitz T, Schädler M (2025) Grasslands support more diverse and resilient earthworm communities to climate change than croplands in Central Europe. Agric Ecosyst. Environ. 377.art 10925 10.1016/j.agee.2024.109259

Mani M (2021) Glaciers of the Himalayas: Climate change, black carbon, and regiomal resilience. SARCE office of the Chief Economist, South Area Region. South Asia-Development Forum, Washington, DC World Bank, http://hdf.handle.net/10986/35600

Mirbach J von (2015) Das Wasser bis zum Hals. Https://www.dw.com/de/was-passiert-wenn-die-antarktische-eis-decke-schmilzt/

Montgomery DR (2008) Dirt: The Erosion of Cultivations. Berkeley, Univ. California Press

Moritz RF (2014) Die Ursachen des weltweiten Bienensterbens. Rundgespräche der Kommission für Ökologie 43: 87–94

Nicholls RJ, Marinova N, Lowe JA, Brown S, Vellinga P, de Gusmao D, Hinkel J, Tol RSJ (2011) Sea-level rise and its impacts given a beyond 4°C world in the twenty-first century. Philosophical Transactions, Royal Society, Vol. 369, https //doi.org/10.1098/rsta.2010 0290

Niederdrenk A, Notz D (2018) Arctic sea ice in a 1,5° C warmer world. Geophysical Re-search Letters 45:1963-1971

NOAA (2023) Climate Science, Awarness and Solutions
http://capitalandcrisis.agora financial.com

Oreskens N (2004) The scientific consensus on climate change. Science 306:1636

Perovich D, Meier W, Tschudi M, Hendricks S, Petty A, Divine D, Fawell S, Gerland S, Haas C, Kaleschke L, Pavlova O, Ricker R, Tian-Kunze X, Welster M, Wavel K (2020) Arctic Report Card 2020:sea ice. NOAA 2020

Pethick J, Orford JD (2013) Rapid rise in effective sealevel in South-west Bangladesh: Its causes and contemporary rates. Global and Planetary Change 111:237-245

Powell JL (2015) Climate scientists virtually unanimous: Anthropogenic global warming. Bulletin of Science, Technology and Society 35: Nr. 5-6

Powell JL (2020) 2084 Eine Zeitreise durch den Klimawandel. Quadriga

Ryan KT und Faux M (2021) Honey Bee Medicine for the Veterinary Practitioner. First Edition Auflage. John Wiley & Sons, Inc., Hoboken

Schaller C (2021) Der Meeresspiegelanstieg als Herausforderung für die maritime Ordnung. SWP-Studie 1, Berlin 20

Schmidt S (2002) Aktuelle Aspekte der

EU-Entwicklungspolitik. Politik und Zeit-
geschichte B:19-20

Schönwiese C-D (2020) Klimatologie.
Ulmer-Verlag

Settele J, Kudrna O, Harpke A, Kuehn I,
van Swaay C, Verovnik R, Warren M,
Wiemers M, Hanspach J, Hickler T,
Kuehn E, van Halder I, Veling K, Vlie-
genthart A, Wynhoff I, Schweiger O
(2008) Climatic Risk Atlas of of European Butterflies, Biorisk 1 (Special
Issue)

Shah K (2020) A quater of all known bee
species haven´t seen since the 1990s.
New Scientist One Earth DOI:
10.1016/j.oneear 2020.12005

Shwed U, Beaman PS (2010) The
temporal structure of scientific consensus formation. American Sociological
Review 75:817-840

Stoetzer LS, Zimmermann F (2024) A representative survey experiment of motivated climate change denial. Nature Climate Change 14:198-204

SRF (2024) Unwetter im Tessin und im Wallis – der Überblick; Gewitter und Starkregen haben im Tessin und Wallis für Erdrutsche und Überschwemmungen gesorgt: der Überblick. 01.07.2024

UNEP (2010) Sekretariat des Umweltprogramms der Vereinten Nationen (Hrsg.) Multilateral Environmental Agreements: A summary. Http://www.unep.org

Vargas-Yáñez M, Moya F, Serra M, Juza M, Jordà G, Ballesteros E, Alonso C, Pascual J, Salat J, Moltó V, Tel E, Balbín R, Santiago R, Piñeiro S, García-Martínez MC (2023) Observations in the Spanish Mediterrean Wa-ters:A Review and Update of Results of 30-Year Monitoring. J. Mar. Sci. Eng. *11:*1284

Viering K (2023) Falter im Sinkflug – der aktuelle Tagfalter-Grünland-Indikator. Oedippus 4:27-43

Visser ME (2012) Birds and butterflies in climatic debt. Nature Climate Change 2,:77–78

Wackernagel M, Beyer B (2010) Der Ecological Footprint: Die Welt vermessen. Europäische Verlagsanstalt, Hamburg

Wagner A, Bueß K (2003) Gletscherschmelze. www.planet-wissen.de

Wahnbaeck C (2012) Die schönen Verlierer des Klimawandels. Ein Drittel der europä-ischen Schmetterlinge ist vom Aussterben bedroht, Berliner Morgenpost, 31. Januar 2012

Wang R-J, Ding Y-J, Shangguan D-H, Liu S-Y, Zhang Z-C (2023) Spatial differences of ice volume across High Mountains across Asia. Advances in Climate Change Research 14:511-521

Weis VM (2008) Cellular mechanisms of Cnidarian bleaching: stress causes the collapse of symbiosis. J Exp Biol 211:3059-3066

Wiss. Beirat (1994) Welt im Wandel. Die Gefährdung der Böden. Jahresgutachten. Globale Umweltveränderungen

Woodworth PL (2005) Have there been large recent sea level changes in the Maledive Islands? Global and Planetary Change 49:1-18

Zanna L, Khatiwala S, Gregory JM, and Heimbach P (2019) Global reconstruction of historical ocean heat storage and transport. PNAS 116:1126-1131

Zattara EE und Aizen MA (2021) World-

wide occurrence records suggest a glo-
bal decline in bee species richness. New
Scientist One Earth. 4. Jahrgang, Nr. 1,
S. 114–123,

9. Zusammenfassung

In quantitativer Hinsicht ist die Lebensmittelsicherheit zukünftig durch die Folgen des Klimawandels ernsthaft in Frage
gestellt. Die Jahr für Jahr steigenden
Temperaturen führen zum Schmelzen
der Gletscher und Polkappen. Das völ-
lige Abschmelzen der Gletscher hat den
Ausfall der Trinkwasservorräte zur Folge,
das des Permafrosts führt zur vermehr-
ten Erosion von gebirgigem Gelände
sowie Bereichen der Antarktis und von
Grönland. Das Schmelzwasser läßt den
Meeresspiegel bis zum Ende des Jahrhunderts um bis zu 2 Meter ansteigen;
für etliche Regionen der Erde hat schon
der Anstieg des Meeresspiegels um 30
Zentimeter desaströse Folgen. Millionen
an Menschen würden ihre Heimat und
Ernährungsgrundlage (Lebensmittelsicherheit) verlieren. Aufgrund der anstei-
genden Temperaturen wachsen weltweit

die Wüstenflächen: diese Desertifikation vernichtet pro Jahr 12 Millionen Hektar an landwirtschaftlicher Nutzfläche. Die daraus resultierende, prekäre Situation in der Versorgung mit Lebensmitteln wird noch verstärkt durch die vermehrte Nutzung von landwirtschaftlichen Produkten zur Herstellung von Biosprit, wodurch außerdem die Preise für Lebensmittel ansteigen. Als Fazit ergibt sich, daß zukünftig bei Zunahme der Weltbevölkerung und witterungsbedingter Abnahme der landwirtschaftlich nutzbaren Fläche die Lebensmittelversorgung für alle Menschen nicht mehr sicher.

10. Liste von weiteren Publikationen (Auswahl) des Autors

Peter Brandt
Molekulare Aspekte der
Organellenontogenese.
1988
Springer, Heidelberg, 200 S.

Peter Brandt
Evolution der eukaryotischen Zelle.
1991
Thieme, Stuttgart, New York, 157 S.

Peter Brandt
1992
Begrenzbarkeit gentechnisch
veränderter
Organismen.
In: W. Eberbach, P. Lange und M.
Ronellenfitsch (eds.) Gentechnikrecht,
Verlag C. F. Müller, vor § 18 GenTG, 1-7

Peter Brandt
1995
Transgene Pflanzen.
Herstellung, Anwendung, Risiken und
Richtlinien. Birkhäuser, Basel,
1. Auflage, 306 Seiten,
ISBN 3-7643-5202-7

Peter Brandt (Hrsg.)
1997
Zukunft der Gentechnik.
Birkhäuser, Basel, 290 Seiten,
ISBN 3-7643-5662-6

Peter Brandt (Hrsg.)
2003
What's Gene Technology tu Us?/
Was geht uns die Gentechnik an?
BoD, 186 Seiten, ISBN 3-8334-089-3

Peter Brandt
2004
Transgene Pflanzen.
Herstellung, Anwendung, Risiken und
Richtlinien. Springer, Heidelberg,
2. Auflage, 364 Seiten,
ISBN 978-3-7643-5753-5

Peter Brandt, S. Puffpaff und J. Stodian
2017
Aspekte zur Situation der Gewässer der
Halbinsel Jasmund unter besonderer
Berücksichtigung des Nationalparks
Jasmund (Rügen).
Nationalpark Jasmund,
www.nationalpark-jasmund.de, pp. 1-58